Genussmomente

CAMPING KÜCHE

EIN BUCH DER
EDITION MICHAEL FISCHER

INHALTS-VERZEICHNIS

ALLES AUS EINEM TOPF 38

GRILL- UND PFANNENGERICHTE 50

+PROVIDUS
+PROVIDUS
+PROVIDUS

GRUNDLAGEN

DIE RICHTIGE AUSRÜSTUNG

Das Wunderbare am Kochen im Freien ist, dass man nicht viel Equipment benötigt, um aus einer Handvoll Zutaten himmlische Köstlichkeiten zu zaubern. Ganz gleich, ob eine elegante Einbauküche, eine mobile Campingküche oder ein einfacher Gaskocher zum Einsatz kommt, das Motto bleibt dasselbe: „Ein bisschen weniger von allem ist mehr und schafft Platz für das, was wirklich zählt."

Bei der Ausstattung des Vans können aussortiertes Geschirr und Besteck, alte Pfannen und Töpfe und andere Küchenutensilien von zu Hause weiterverwendet werden. Da der Platz im Van jedoch begrenzt ist, ist es äußerst praktisch, wenn Teller, Schüsseln, Gläser, Pfannen und Töpfe gut stapelbar und etwas robuster sind. Bei Töpfen und Pfannen ist es wichtig, darauf zu achten, dass sie mit dem Elektro- oder Gasherd oder dem Gaskocher der mobilen Campingküche funktionieren. Und das Gesamtgewicht des Vans darf natürlich nicht überschritten werden!

Eine leichtere und platzsparendere Alternative ist das klassische Campinggeschirr – das Nudelsieb, das sich im Nu in eine dünne Scheibe zusammenfalten lässt, die Pfanne mit abnehmbarem Stiel, damit sie leicht verstaut werden kann, oder die Gabel, die zugleich Löffel ist. Auf den folgenden Seiten findest du eine hilfreiche Packliste für deine Van- und Campingküche für 2 Personen.

PACKLISTE UTENSILIEN

KÜCHENUTENSILIEN*	VAN-KÜCHE	ZELT	WANDERN
1 Gaskocher mit Gasflasche	✓	✓	✓
1 kleiner Topf mit Deckel	✓	✓	
1 großer Topf mit Deckel	✓		✓
1 Pfanne	✓	✓	
1 Nudelsieb	✓	✓	✓
1 Schneidbrett	✓	✓	✓
1 kleines Messer für Obst und Gemüse	✓	✓	✓
1 scharfes, großes Messer für Fleisch	✓	✓	
1 Dosenöffner	✓	✓	✓
1 Korkenzieher	✓		
1 Julienneschäler oder Gemüseschäler	✓	✓	
1 kleine Reibe (z. B. für Parmesan)	✓	✓	
1 Gemüsehobel	✓		
1 Holzkochlöffel	✓	✓	
1 Pfannenwender	✓	✓	
1 Schöpfkelle	✓	✓	
1 Schere	✓	✓	
1 Messbecher	✓		
Measuring Cups (1 TL, 1 EL, 1 Cup)	✓	✓	
1 kleine Küchenwaage	✓		
2 große Teller	✓	✓	
2 kleine Teller	✓	✓	✓

*FÜR 2 PERSONEN

1 große Schüssel (z. B. für Salat oder zum Mischen der Zutaten für Pancakes)	✓	✓	
2 kleine Schüsseln für Salat, Suppen oder Müsli	✓	✓	✓
Besteck (Messer, Gabel, Esslöffel, Teelöffel)	✓	✓	✓
Wasserkocher für den Herd (oder mit Stromanschluss)	✓		
French Press, Espressokocher oder Filterkaffeekanne	✓	✓	
2 Einmachgläser (z. B. 500 ml)	✓		
2 Lunchboxen (z. B. aus Edelstahl)	✓	✓	✓
2 Bienenwachstücher	✓	✓	✓
wiederverwendbare Plastiksäckchen mit Zip-Verschluss oder kleine Stoffsäckchen	✓	✓	✓
Gummibänder zum Verschließen offener Verpackungen	✓	✓	✓
10- oder 20-Liter-Wassertank (falls nicht schon verbaut)	✓		

REZEPTE

HÜTTENKÄSE-MÜSLI

mit Aprikosenkompott

FÜR 2 PORTIONEN

Für das Kompott
- 330 g Aprikosen

Für das Müsli
- 1 Apfel
- 2 Aprikosen
- 70 g Haferflocken
- je 1 EL Sesam, Kürbiskerne, Leinsamen, geschälte Hanfsamen
- 120 ml Milch
- 250 g körniger Frischkäse
- 1 EL Honig

SO GEHT'S

1 Für das Kompott die Aprikosen waschen, halbieren und vom Stein befreien. Anschließend die Hälften mit 50 ml Wasser in einen Topf geben und aufkochen. Die Hitze reduzieren und die Aprikosen mit geschlossenem Deckel bei niedriger Hitze 10 Minuten köcheln lassen. Gelegentlich umrühren. Vor der weiteren Verwendung etwas abkühlen lassen.

2 In der Zwischenzeit das Obst für das Müsli waschen, trocken tupfen und entkernen. Anschließend in kleine Würfel schneiden und mit den Haferflocken in eine Schüssel geben

3 Die Samen und Kerne in einer kleinen Schüssel miteinander vermischen. Anschließend zwei Drittel der Mischung zu den Haferflocken geben. Die Milch mit dem körnigen Frischkäse und dem Honig zur Haferflocken-Obst-Mischung geben und alles gut vermengen.

4 Das Müsli auf zwei Schüsseln oder in zwei Einmachgläser für unterwegs verteilen und mit dem Kompott bedecken. Mit dem restlichen Samen-Kerne-Mix garnieren.

TIPP

Für noch mehr Aroma die Kerne und Samen rösten. Anstelle des selbst gemachten Aprikosenkompotts kann auch Apfel- oder Aprikosenmus aus dem Supermarkt verwendet werden.

ENERGY BALLS

Peanut Butter & Chocolate

FÜR 2 PORTIONEN

Für den Grundteig

- 30 g getrocknete Datteln (ohne Stein, z. B. Medjool)
- 100 g Kleinblatt-Haferflocken (alternativ Hirseflocken)
- 60 g Mandeln
- 3 EL Kokosöl
- 3–5 EL Apfelsaft
- Salz

Für die Peanut Butter Balls

- 6 EL Erdnussmus

Für die Chocolate Balls

- 40 g Kokos-Chips
- 4 EL Kakaopulver
- Sesam zum Wälzen (nach Belieben)

SO GEHT'S

1 Alle Grundzutaten zusammen mit 1 Prise Salz in eine Küchenmaschine geben. Für die Peanut Butter Balls das Erdnussmus zufügen, für die Chocolate Balls Kokos-Chips und Kakaopulver hinzugeben und bei geringer Stufe miteinander vermengen, bis eine klebrige Masse entsteht. Alternativ können die Zutaten auch mit einem Messer fein zerkleinert und von Hand zu einem Teig verknetet werden. Ist die Masse zu trocken, 1–2 EL Apfelsaft zusätzlich hinzufügen.

2 Die Masse zu 18 gleich großen Kugeln (etwa Ø 2 ½ cm) rollen. Die Chocolate Balls in Sesam wälzen. Die Energy Balls anschließend in ein Einmachglas geben und im Kühlschrank bis zum Verzehr aufbewahren.

TIPP

Zum Wandern einige Energy Balls, frisches Obst und Nüsse in eine Lunchbox einpacken, so bleiben sie schön frisch und spenden über den Tag ausreichend Energie.

Apfel-Hirse- PORRIDGE

FÜR 2 PORTIONEN

Für den Porridge

- 1 Apfel
- 140 g Hirseflocken
- 2 EL Chia-Samen
- 300 ml Mandeldrink
- 30 g Sesam
- 2 TL gemahlener Zimt
- 2 TL Ahornsirup

Für das Topping

- 2 TL Sesam
- ½ TL gemahlener Zimt

SO GEHT'S

1 Den Apfel waschen, vierteln, vom Kerngehäuse befreien und bis auf ein Viertel in kleine Stücke schneiden. Für das Topping das übrige Viertel in feine Spalten schneiden.

2 Die Hirseflocken, die Chia-Samen, den Mandeldrink und 150 ml Wasser in einen Topf geben und aufkochen. Anschließend bei mittlerer Hitze unter ständigem Rühren 10 Minuten köcheln lassen. Nach etwa der Hälfte der Kochzeit die Apfelstücke mit Sesam, Zimt und Ahornsirup einrühren.

3 Den Porridge auf zwei Schüsseln verteilen und mit Apfelspalten und Sesam garnieren. Abschließend mit etwas Zimt bestäuben.

TIPP

Statt des Apfels sorgen Birne oder Pfirsich für Abwechslung. Für eine Mehrtagestour in den Bergen können die trockenen Zutaten bereits zu Hause in einem Säckchen zusammengemischt werden. Anstelle der frischen Früchte eine Handvoll Dörrobst (z. B. getrocknete Äpfel, Feigen oder Aprikosen), in kleine Würfel geschnitten, verwenden.

Kokos-

MILCHREIS

FÜR 2 PORTIONEN

Für den Kokosmilchreis

- 150 g Reis
- 400 ml Kokosmilch (Dose)
- Salz

Für das Topping

- 3 EL Haselnusskerne
- 2 EL Ahornsirup
- ½ TL gemahlener Zimt

SO GEHT'S

1 Den Reis in ein feinmaschiges Sieb geben und so lange mit Wasser abspülen, bis es klar ist. Anschließend mit Kokosmilch, ca. 200 ml Wasser und 1 Prise Salz in einen Topf geben und aufkochen. Die Hitze reduzieren. Bei Bedarf noch etwas Wasser zugeben. Den Reis 20–30 Minuten unter ständigem Rühren köcheln lassen, bis die Flüssigkeit vollständig vom Reis aufgenommen wurde. In der Zwischenzeit die Haselnusskerne grob hacken.

2 Den Milchreis auf zwei Schüsseln oder in zwei Gläser verteilen und mit gehackten Haselnüssen, Ahornsirup und Zimt garnieren.

TIPP

Für eine schnelle Variante den Reis durch 120 g Reisflocken ersetzen und die Kokosmilch auf 200 ml reduzieren. Zum Haselnuss-Topping passen wunderbar einige frische Früchte der Saison.

Vier-Jahreszeiten-
MÜSLI

FÜR 2 PORTIONEN

Für das Frühlingsmüsli
- 200 g Hirseflocken
- 100 g gepuffter Amarant
- 50 g getrocknete Erdbeeren
- 50 g Sesam
- 50 g Mandeln

Für das Sommermüsli
- 50 g getrocknete Mangostücke
- 200 g Großblatt-Haferflocken
- 50 g Leinsamen
- 40 g Chia-Samen
- 30 g geschälte Hanfsamen
- 50 g Kürbiskerne
- 50 g Kokos-Chips

Für das Herbstmüsli
- 70 g getrocknete Feigen
- 50 g Mandeln
- 50 g Walnusskerne
- 100 g Kleinblatt-Haferflocken
- 70 g Dinkelflocken
- 70 g Roggenflocken

Für das Wintermüsli
- 70 g Pekannusskerne
- 100 g Dinkelflocken
- 100 g gepuffter Amarant
- 70 g getrocknete Cranberrys
- 2 TL gemahlener Zimt

SO GEHT'S

Frühlingsmüsli
Alle Zutaten in eine große Schüssel geben und gut vermischen.

Sommermüsli
Die getrockneten Mangos in etwa 1 cm große Stücke schneiden. Anschließend gemeinsam mit den restlichen Zutaten in eine große Schüssel geben und gut vermischen.

Herbstmüsli
Die getrockneten Feigen der Länge nach in feine Streifen schneiden. Die Mandeln und Walnusskerne mit einem scharfen Messer grob hacken. Anschließend alle Zutaten in eine große Schüssel geben und gut vermischen.

Wintermüsli
Die Pekannusskerne mit einem scharfen Messer grob hacken. Anschließend gemeinsam mit den anderen Zutaten in eine große Schüssel geben und gut vermischen.

CHIA-FRÜHSTÜCK

mit Beeren

FÜR 2 PORTIONEN

Für den Chia-Pudding

- 140 g frische Himbeeren (alternativ TK-Himbeeren)
- 4 EL Chia-Samen
- 300 ml Mandeldrink

Für das Topping

- 10 frische Beeren nach Wahl
- 2 EL Nussmus (z. B. Mandelmus)
- 2 EL geschälte Hanfsamen
- 2 EL Granola nach Wahl

SO GEHT'S

1 Die Himbeeren waschen, in eine Schüssel geben und mit einer Gabel zerdrücken. Alternativ TK-Himbeeren auftauen lassen und dann ebenfalls zerdrücken. Die Chia-Samen und den Mandeldrink hinzufügen, alles gut verrühren und 15–20 Minuten, am besten aber über Nacht, quellen lassen.

2 Die Beeren waschen und trocken tupfen. Den Chia-Pudding auf zwei Schüsseln oder in zwei Einmachgläser für unterwegs aufteilen und mit je 1 EL Nussmus, den frischen Beeren, je 1 EL Hanfsamen und mit dem Granola garnieren.

TIPP

Anstelle der Himbeeren kann das Chia-Frühstück auch mit Heidelbeeren zubereitet werden. Statt Mandelmus schmeckt auch Erdnussmus und die Hanfsamen können durch Kakao-Nibs ersetzt werden.

NUDELSALAT
Greek Style

FÜR 2 PORTIONEN

- 160 g Nudeln (z. B. Orecchiette)
- 1 rote Zwiebel
- 2 Bio-Tomaten
- ½ Bio-Salatgurke
- 1 Paprika
- 100 g Feta
- 50 g schwarze Oliven ohne Stein
- Salz, Pfeffer
- Oregano
- 1 EL Olivenöl

SO GEHT'S

1 Die Nudeln nach Packungsanweisung in Salzwasser kochen, abgießen und abtropfen lassen.

2 Die Zwiebel schälen, halbieren und in Scheiben schneiden. Das Gemüse waschen und putzen. Die Tomaten achteln, die Gurke vierteln und in Scheiben schneiden. Die Paprika in Streifen schneiden. Den Feta in 1 cm große Würfel schneiden. Die Oliven je nach Größe ganz lassen oder halbieren.

3 Das Gemüse und den Käse zu den abgetropften Nudeln geben und mit Salz, Pfeffer, Oregano und Olivenöl anmachen.

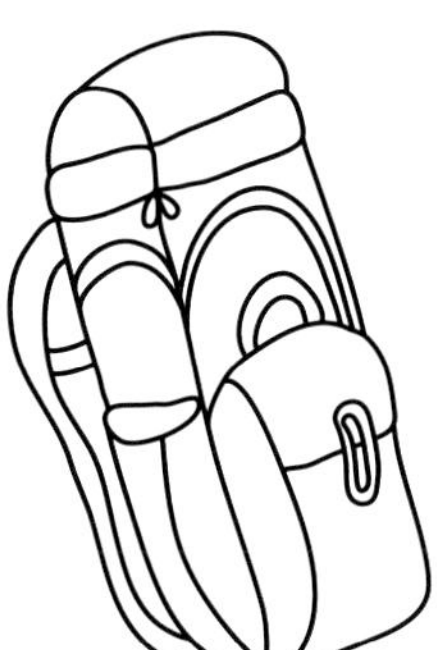

YUM

OLIVENBROTE

aus der Pfanne

FÜR 2 PORTIONEN

- 1 kleine Dose entsteinte Oliven (Abtropfgewicht 50 g)
- 1 Kugel Mozzarella (125 g)
- 4 große Scheiben Weiß- oder Toastbrot
- 50 g hauchdünn geschnittener Parmaschinken
- ½ TL getrockneter Oregano
- 2 Eier (Größe M)
- 50 g Parmesan
- 100 g Paniermehl
- 50 ml Olivenöl

SO GEHT'S

1 Die Oliven abgießen, abtropfen lassen und in Streifen schneiden. Den Mozzarella abgießen, trocken tupfen und in dünne Scheiben schneiden. Die Brotscheiben nach Belieben entrinden. Davon 2 Scheiben Brot mit Schinken, Mozzarella, Oregano und Olivenstreifen belegen. Die übrigen Scheiben darauflegen und andrücken. Die Brote kurz mit einem Holzbrett beschweren.

2 Die Eier kräftig verquirlen. Den Parmesan grob reiben und unterrühren. Die beiden Doppeldecker in die Eiermischung tauchen und mehrmals im Paniermehl wenden.

3 Das Olivenöl in einer großen Pfanne erhitzen und die panierten Brote darin in 5–8 Minuten auf beiden Seiten knusprig und goldgelb backen.

4 Herausnehmen und auf Küchenpapier entfetten, anschließend quer halbieren und servieren.

TIPP

Wer es lieber vegetarisch mag, belegt die Brote statt mit Parmaschinken mit einigen in Öl eingelegten und gut abgetropften getrockneten Tomaten.

SPARGEL-SALAT

mit Erdbeeren & Erdnusssauce

FÜR 2 PORTIONEN

- 400 g grüner Spargel
- 2 EL Olivenöl
- 200 g Bio-Erdbeeren
- 1 EL Erdnussbutter
- 1 TL Sojasauce
- ½ TL Honig
- 2 TL Zitronensaft
- Salz, Pfeffer
- ¼ TL Ingwerpulver

SO GEHT'S

1 Den Spargel waschen, die Enden abschneiden und in mundgerechte Stücke schneiden. Mit Öl in einer Pfanne unter gelegentlichem Rühren 5 Minuten anbraten.

2 In der Zwischenzeit die Erdbeeren waschen, putzen, trocken tupfen und vierteln. Für das Dressing die Erdnussbutter mit Sojasauce, 2 EL Wasser, Honig und Zitronensaft mischen. Mit Salz, Pfeffer und Ingwer würzen. Den lauwarmen Spargel mit den Erdbeeren und der Sauce mischen und genießen.

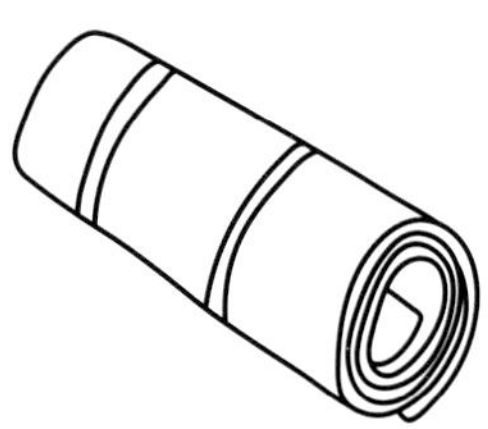

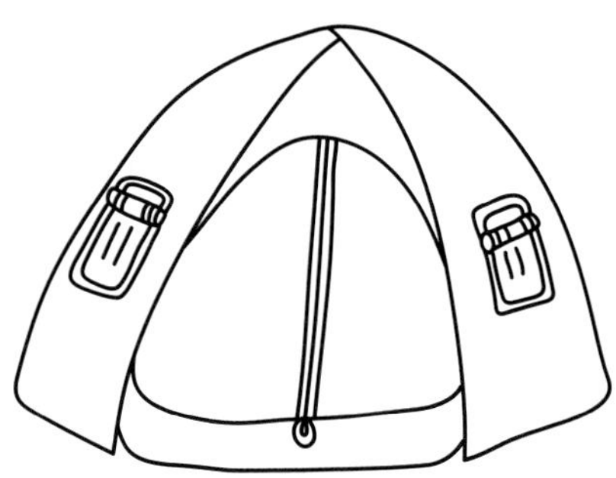

ERBSENFRITTER

mit Tsatsiki

FÜR 2 PORTIONEN

Für das Tsatsiki

- 1 Knoblauchzehe
- ½ kleine Salatgurke
- 150 g griechischer Joghurt (5 % Fett)
- Salz

Für die Fritter

- 1 Dose grüne Erbsen (Abtropfgewicht 130 g)
- 2 Frühlingszwiebeln
- 3 Stängel frische Minze
- 50 g Feta
- 3 Eier (Größe M)
- Zitronensaft
- 120 ml Mineralwasser
- 150 g Weizenmehl (Type 405)
- 1 Msp. Backpulver
- Salz
- 2–3 EL Olivenöl

SO GEHT'S

1 Für das Tsatsiki die Knoblauchzehe schälen und fein hacken. Die Salatgurke schälen und längs halbieren. Die Kerne mit einem Löffel herausschaben, das Fruchtfleisch grob reiben und in einem Sieb abtropfen lassen. Knoblauch und Gurkenraspel unter den Joghurt rühren, mit Salz abschmecken und kaltstellen.

2 Die Erbsen abgießen und gut abtropfen lassen. Die Frühlingszwiebeln putzen, waschen und in feine Ringe schneiden. Die Minze waschen, trocken schütteln, die Blätter von den Stielen zupfen und fein hacken. Den Feta klein würfeln. Die Eier trennen und das Eiweiß mit einem Spritzer Zitronensaft steif schlagen. Die Eigelbe mit dem Mineralwasser glattrühren. Das Mehl, das Backpulver und ½ TL Salz zugeben und unterrühren. Die Erbsen, die Frühlingszwiebeln und die Minze unterrühren. Anschließend erst den Feta und dann den Eischnee unterheben.

3 Das Öl in einer beschichteten Pfanne erhitzen. Pro Fritter ca. 1 gehäuften EL der Masse in die Pfanne geben, etwas glattstreichen und pro Seite 2–3 Minuten goldbraun braten. Auf Küchenpapier abtropfen lassen. Auf diese Weise ca. 8 Fritter backen und mit dem Tsatsiki servieren.

NIZZA-SALAT

mit Thunfisch und Ei

FÜR 2 PORTIONEN

Für den Salat

- 2 Eier (Größe M)
- 200 g Stangenbohnen
- Salz
- 1 Dose Thunfisch im eigenen Saft (Abtropfgewicht 150 g)
- 1 große Fleischtomate
- ½ kleine Salatgurke
- 1 kleine Dose schwarze Oliven mit Stein (Abtropfgewicht 50 g)
- 4–5 Romana-Salatblätter

Für das Dressing

- 2 Sardellenfilets in Öl eingelegt (Dose)
- 1 Knoblauchzehe
- ½ TL Dijon-Senf (alternativ mittelscharfer Senf)
- 4 EL Olivenöl
- 2 EL Rotweinessig
- Salz, Pfeffer

SO GEHT'S

1 Die Eier ca. 10 Minuten hart kochen. Inzwischen die Bohnen putzen, waschen und in kochendem Salzwasser etwa 10–12 Minuten bissfest garen. Anschließend die Bohnen abgießen, mit kaltem Wasser abschrecken und abtropfen lassen. Die Eier kalt abschrecken, schälen und in Viertel schneiden.

2 Den Thunfisch abgießen, gut abtropfen lassen und mit einer Gabel grob zerpflücken. Die Tomate waschen, vierteln, entkernen und in kleine Würfel schneiden. Die Gurke schälen, längs halbieren, entkernen und in Streifen schneiden. Die Oliven abgießen, abtropfen lassen, entsteinen und halbieren.

3 Für das Dressing die Sardellenfilets kalt abspülen, trocken tupfen und fein hacken. Die Knoblauchzehe schälen, durch eine Knoblauchpresse drücken und mit Sardellen, Senf, Olivenöl und Essig verrühren. Das Dressing mit Salz und Pfeffer abschmecken.

4 Die Salatblätter vom Strunk befreien, waschen, trocken schütteln und in grobe Streifen schneiden. Alle vorbereiteten Zutaten in einer Schüssel mit dem Dressing vermengen und servieren.

WRAPS
Mexican Style

FÜR 2 PORTIONEN

Für die Wraps
- 100 g Reis
- 2 Limetten
- 1 Dose Kidneybohnen (Abtropfgewicht 125 g)
- 1 Dose Mais (Abtropfgewicht 140 g)
- 1 gelbe Paprika
- ½ Kopf Blattsalat
- 4 Vollkorn-Tortillas (Fertigprodukt)
- Salz
- Chiliflocken
- 1 EL schwarzer Sesam

Für die Guacamole
- 1 Avocado
- 1 Zitrone
- 1 TL Ahornsirup
- Salz

SO GEHT'S

1 Für den Limettenreis den Reis in ein feinmaschiges Sieb geben und so lange mit Wasser abspülen, bis es klar bleibt. Mit ca. 400 ml Wasser in einen Topf geben und aufkochen. Die Limetten auspressen. Die Hitze reduzieren und den Saft der Limetten einrühren. Den Reis 20 Minuten köcheln lassen, bis die Flüssigkeit vollständig aufgenommen wurde, dann beiseitestellen.

2 In der Zwischenzeit die Bohnen und den Mais abgießen, unter Wasser abspülen, abtropfen lassen und in eine Schüssel geben. Die Paprika putzen, waschen und in kleine Würfel schneiden. Den Salat waschen, trocknen und zerpflücken.

3 Für die Guacamole die Avocado halbieren, den Kern entfernen und das Fruchtfleisch mit einem Löffel aus der Schale lösen. In eine kleine Schüssel geben und mit der Gabel zu einem Mus verarbeiten. Die Zitrone auspressen und den Saft mit dem Ahornsirup und dem Avocadomus zu einer cremigen Masse verrühren. Mit Salz abschmecken.

4 Die Tortillas in einer Pfanne ohne Fett erwärmen, dann mittig mit einem Streifen Guacamole bestreichen und mit Salatblättern, Limettenreis, Kidneybohnen, Mais und Paprika belegen. Mit Salz, Chiliflocken und schwarzem Sesam bestreuen. Zum Zusammenrollen den Wrap zuerst unten über die Zutaten einschlagen, dann von einer Seite aus fest aufrollen.

ONE-POT-PASTA

mit Filet

FÜR 2 PORTIONEN

- 1 Zwiebel
- 1 Dose grüne Bohnen (Abtropfgewicht 220 g)
- 300 g Schweinefilet
- 1 EL Rapsöl
- 400 ml Milch
- Salz, Pfeffer
- frisch geriebene Muskatnuss
- 200 g Bandnudeln
- ½ Bund Petersilie
- 2 EL Schmand

SO GEHT'S

1 Die Zwiebel schälen und fein würfeln. Die Bohnen abgießen, gut abtropfen lassen und in grobe Stücke schneiden. Das Fleisch unter kaltem Wasser abspülen, trocken tupfen und in ca. 2 cm große Würfel schneiden.

2 Das Öl in einem Topf erhitzen. Das Fleisch darin von allen Seiten kräftig anbraten. Zwiebel zugeben und kurz mitbraten. Die Milch und 250 ml Wasser zugießen und alles aufkochen. Mit Salz, Pfeffer und etwas Muskat würzen. Die Nudeln zugeben und 15–18 Minuten bei mittlerer Hitze offen garen lassen. Dabei am Anfang ab und zu, am Ende öfter umrühren, damit die Nudeln nicht ansetzen. Nach ca. 10 Minuten die Bohnen zugeben, unterrühren und mitgaren.

3 Inzwischen die Petersilie waschen, trocken schütteln, die Blättchen von den Stielen zupfen und fein hacken. Die Nudeln mit Salz und Pfeffer abschmecken, die Petersilie und den Schmand untermischen und servieren.

TIPP

Statt Bohnen kann auch anderes Gemüse aus der Dose verwendet werden, so passen hier z. B. Mais oder Champignongs sehr gut.

CHILI
sin Carne

FÜR 4 PORTIONEN

- 2 Zwiebeln
- 2 Knoblauchzehen
- 1 Möhre
- 1 Paprika
- 2 EL Olivenöl
- 400 g Tomatensauce (Dose oder Glas)
- 2 Dosen Kidneybohnen (Abtropfgewicht 300 g)
- 1 große Dose Mais (Abtropfgewicht 300 g)
- 200 g rote Linsen
- 3 TL Paprikapulver
- 1 TL Chilipulver
- Salz, Pfeffer
- Petersilie (nach Belieben)

SO GEHT'S

1 Zunächst die Zwiebeln und den Knoblauch schälen und klein hacken. Möhre und Paprika waschen, trocken tupfen, putzen und in Würfel schneiden.

2 Das Öl in einen Topf geben und Zwiebeln und Knoblauch darin glasig dünsten. Die Paprika- und Möhrenstücke hinzugeben, 2 Minuten anbraten, dann mit der Tomatensauce ablöschen und 5 Minuten köcheln lassen.

3 Die Bohnen und den Mais abtropfen lassen, abspülen und hinzugeben. Die roten Linsen in einem Sieb gründlich mit Wasser abwaschen und ebenfalls in den Topf geben, mit 300 ml Wasser auffüllen. Das Chili sin Carne 10 Minuten köcheln lassen. Mit Paprikapulver, Chili, Salz und Pfeffer würzen und nach Belieben mit gehackter Petersilie garnieren.

ONE-POT-PASTA

mit Zucchini-Weißweinsauce

FÜR 2 PORTIONEN

- 2 kleine Zucchini
- 1 Knoblauchzehe
- 2 EL Olivenöl
- 1 TL Gemüsebrühe
- 150 ml Weißwein
- 160 g Vollkorn-Nudeln
- Salz, Pfeffer
- 1 TL italienische Kräuter
- Parmesan (nach Belieben)

SO GEHT'S

1 Die Zucchini waschen, längs halbieren und in Scheiben schneiden. Den Knoblauch schälen und fein würfeln.

2 Das Öl in einem Topf erhitzen und Zucchini und Knoblauch 1 Minute darin dünsten. Die Gemüsebrühe hinzugeben und mit Weißwein ablöschen. 350 ml Wasser, Salz und die Nudeln hinzugeben. Alles etwa 8 Minuten, bzw. der angegebenen Kochzeit der Nudeln entsprechend, bissfest kochen. Ab und zu umrühren, zum Ende hin häufiger. Mit Pfeffer und Kräutern abschmecken und nach Belieben mit Parmesan bestreut servieren.

Rote-Bete-RISOTTO

FÜR 2 PORTIONEN

- 600 g Rote Bete
- 1 rote Zwiebel
- 1 Knoblauchzehe
- 1 TL Gemüsebrühe (Pulver)
- Salz
- 2 EL Olivenöl
- 250 g Risotto-Reis
- 150 ml Rotwein (alternativ 150 ml Gemüsebrühe)
- 40 g Parmesan, plus etwas mehr zum Garnieren
- Kresse
- 2 EL geröstete Pinienkerne

SO GEHT'S

1 Die Rote Bete waschen, schälen und in 1 cm große Würfel schneiden. Die Zwiebel und den Knoblauch ebenfalls schälen und hacken. 800 ml Wasser aufkochen, die Gemüsebrühe und ½ TL Salz einrühren.

2 Das Olivenöl in einen Topf geben und die Zwiebel und den Knoblauch darin glasig dünsten. Die Rote Bete und den Reis hinzugeben und kurz andünsten, mit Rotwein oder Gemüsebrühe ablöschen. Die Brühe hinzufügen und das Risotto 20 Minuten köcheln lassen, regelmäßig umrühren. Den Parmesan reiben und untermischen, vor dem Servieren weitere 5 Minuten durchziehen lassen.

3 Mit Kresse, Pinienkernen und Parmesanraspeln anrichten und servieren.

RIBOLLITA

mit Röstbrot

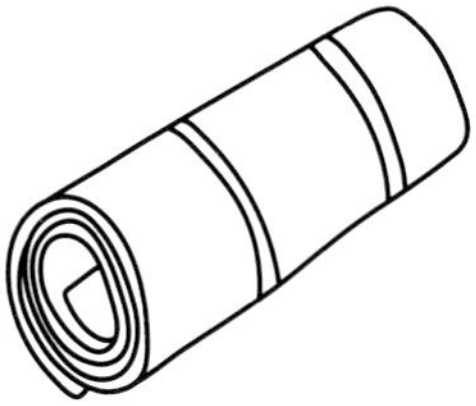

FÜR 2 PORTIONEN

- 1 Zwiebel
- 2 Möhren
- 1 Staude Mangold (ca. 500 g)
- 2 Stangen Staudensellerie
- 1 Dose weiße Bohnen (Abtropfgewicht 250 g)
- 2 EL Olivenöl
- 1 EL Tomatenmark
- 1 TL getrockneter Thymian
- 1 l Gemüsebrühe
- Salz, Pfeffer
- 8 Scheiben Weißbrot
- 50 g Parmesan

SO GEHT'S

1 Die Zwiebel schälen und fein hacken. Die Möhren schälen und grob würfeln. Den Mangold waschen und putzen. Die Stiele am Blattansatz abschneiden und klein würfeln. Die Blätter in Streifen schneiden. Den Sellerie putzen, entfädeln, waschen und klein würfeln. Das Selleriegrün klein hacken und beiseitestellen. Die Bohnen in ein Sieb abgießen und abspülen.

2 Das Öl in einem großen Topf erhitzen und Zwiebel und Mangold darin anschwitzen. Die Möhren, den Sellerie, das Tomatenmark und den Thymian zugeben und kurz anbraten. Mit der Gemüsebrühe aufgießen. Nun Bohnen und Mangoldblätter zufügen. Alles mit Salz und Pfeffer würzen und zugedeckt bei niedriger Hitze etwa 20 Minuten köcheln lassen, dabei gelegentlich umrühren.

3 Inzwischen das Weißbrot toasten oder rösten und den Parmesan fein reiben. Den Eintopf nochmals abschmecken. Die Ribollita mit dem Parmesan und dem Selleriegrün bestreuen und mit dem Röstbrot servieren.

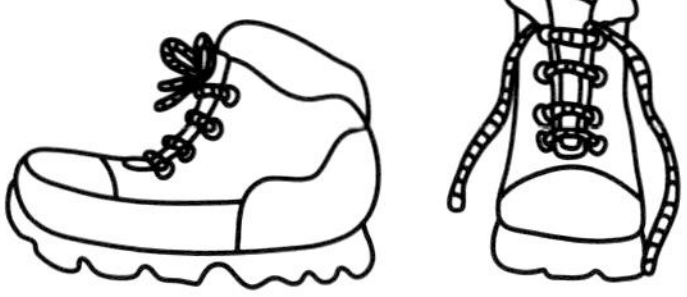

QUESADILLAS
mit Chorizo und Mais

FÜR 3 STÜCK

- 1 kleine Dose Mais (Abtropfgewicht 140 g)
- 125 g Chorizo
- 3 Frühlingszwiebeln
- 250 g Champignons
- 1 Bund frisches Koriandergrün
- 100 g Doppelrahm-Frischkäse
- Saft von ½ Limette
- Salz, Pfeffer
- 1 Packung Tortillafladen (6 Stück)
- 100 g geraspelter Gratinkäse

SO GEHT'S

1 Den Mais abgießen und abtropfen lassen. Die Chorizo aus der Pelle lösen, der Länge nach halbieren und in schmale Scheiben schneiden. Die Frühlingszwiebeln putzen, waschen und in feine Ringe schneiden. Die Champignons putzen, je nach Größe halbieren oder vierteln und klein schneiden. Den Koriander waschen, trocken schütteln und die Blätter samt den feinen Stielen klein hacken.

2 Die Chorizo in einer Pfanne ohne Fett und unter Wenden etwa 4–5 Minuten anbraten, dann herausnehmen. Anschließend die Champignons im Bratfett der Chorizo unter Wenden etwa 5 Minuten braten. Nach etwa 3 Minuten die Frühlingszwiebeln zugeben und mitbraten. Mit der Chorizo mischen und etwas abkühlen lassen. Nun den Frischkäse, Limettensaft und Koriander zugeben, alles gut mischen und mit Salz und Pfeffer abschmecken.

3 Die Masse auf 3 Tortillafladen verteilen und glattstreichen. Je ein Drittel des Käses darauf streuen und mit je 1 Tortillafladen bedecken. Die Quesadillas nacheinander in eine Pfanne ohne Fett geben, mit einem schweren Topf beschweren und pro Seite etwa 2–3 Minuten backen, dann herausnehmen. Kurz abkühlen lassen, dann in Viertel oder Achtel schneiden und servieren.

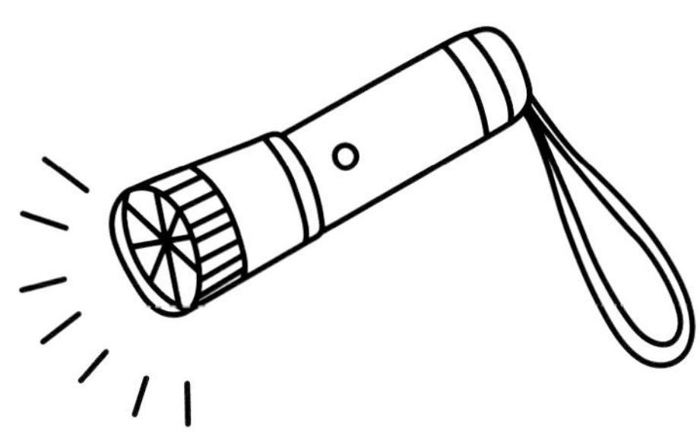

Van-Life-
BURGER

FÜR 2 PORTIONEN

Für die Bratlinge
- 50 g Hirse
- 1 Dose weiße Bohnen (Abtropfgewicht 160 g)
- ½ Bund Schnittlauch (alternativ 2 TL getrockneter Schnittlauch)
- ¼ rote Zwiebel
- 2 Knoblauchzehen
- 3 EL Olivenöl
- 100 g Polenta (Maisgrieß)
- 1 TL Honig
- Salz, Pfeffer

Für den Aufstrich
- ½ Bund Schnittlauch (alternativ 2 TL getrockneter Schnittlauch)
- 100 g Frischkäse
- ½ TL Honig
- Salz, Pfeffer

Außerdem
- Radieschen
- 1 Handvoll Babyspinat
- Kresse (nach Belieben)
- 2 Körnerbrötchen

SO GEHT'S

1 Die Hirse in ein feinmaschiges Sieb geben und mit Wasser abspülen, bis es klar bleibt. Mit 250 ml Wasser in einen Topf geben, aufkochen, die Hitze reduzieren und 20 Minuten köcheln lassen, bis die Flüssigkeit vollständig aufgenommen wurde, dann vom Herd nehmen.

2 In der Zwischenzeit für den Aufstrich den Schnittlauch waschen, trocken schütteln, fein hacken und mit dem Frischkäse vermischen. Anschließend den Honig einrühren und mit Salz und Pfeffer abschmecken.

3 Die Radieschen putzen, waschen und in dünne Scheiben schneiden oder hobeln. Den Spinat und die Kresse waschen, den Spinat trockenschleudern und beides beiseitestellen.

4 Für die Bratlinge die Bohnen in ein Sieb abgießen, abspülen und abtropfen lassen, dann stampfen oder mit einer Gabel zerdrücken. Den Schnittlauch waschen, trocken schütteln und fein hacken. Zwiebel und Knoblauch schälen und klein würfeln. Mit 1 EL Öl in einer Pfanne glasig anschwitzen.

5 Die Hirse mit Bohnenstampf, Maisgrieß, Zwiebeln, Knoblauch, Schnittlauch, 1 EL Öl sowie Honig in einer Schüssel gut miteinander vermischen, salzen und pfeffern. 1 EL Öl in einer Pfanne erhitzen. Aus der Masse mit feuchten Händen gleich große Bratlinge formen und von beiden Seiten bei mittlerer Hitze goldbraun braten.

6 Die Brötchen halbieren und beide Hälften mit dem Frischkäse bestreichen. Anschließend mit Babyspinat, Bratlingen, Radieschen und Kresse belegen. Mit der zweiten Brötchenhälfte abschließen.

SCHNELLE PAELLA

mit Garnelen

FÜR 2 PORTIONEN

- 450 g TK-Garnelen (küchenfertig)
- 1 Dose grüne Erbsen (Abtropfgewicht 280 g)
- 1 Zwiebel
- 1 Knoblauchzehe
- 1 rote Spitzpaprika
- 1 EL Olivenöl
- 125 g Paella- oder Risottoreis
- 1 TL geräuchertes Paprikapulver
- 500 ml Gemüsebrühe
- 125 g Kirschtomaten
- ½ Bund Koriandergrün
- Salz, Pfeffer

SO GEHT'S

1 Die Garnelen auftauen lassen. Inzwischen die Erbsen abgießen, kalt abspülen und gut abtropfen lassen. Die Zwiebel und den Knoblauch schälen und fein würfeln. Die Paprika halbieren, putzen, waschen und klein würfeln.

2 Das Öl in einer weiten, hohen Pfanne erhitzen und Zwiebel, Knoblauch und Paprika darin andünsten. Den Reis einrühren und unter Wenden kurz andünsten. Das Paprikapulver einrühren und die Brühe angießen. Kurz aufkochen, dann bei mittlerer Hitze zugedeckt etwa 10 Minuten köcheln lassen.

3 Inzwischen die Tomaten waschen, trocken tupfen und halbieren. Den Koriander waschen, trocken schütteln und die Blätter samt feiner Stiele hacken. Die Garnelen trocken tupfen. Die Paella durchrühren, die Garnelen und die Erbsen unterrühren und zugedeckt weitere 5 Minuten garen.

4 Die Paella mit Salz und Pfeffer abschmecken und mit Tomaten und Koriander garnieren.

TIPP

Statt Garnelen einfach 2 Spiegeleier auf die Paella geben, einige Schinkenwürfel untermischen oder Hähnchenfiletstreifen am Anfang mit anbraten. Schmeckt auch super!

ONE-PAN-PIZZA

mit Birne und Mozzarella

FÜR 2 PORTIONEN

Für die Pizza

- 1 EL Honig
- 1 Pck. Trockenhefe
- 250 g Dinkelmehl (Type 630)
- Salz
- 2 EL Olivenöl
- 10 Kirschtomaten
- 1 Kugel Mozzarella (125 g)
- 1 rote Zwiebel
- 1 Birne
- 200 g passierte Tomaten (Dose)
- 1 EL Ahornsirup (alternativ Honig)
- 2 TL getrocknete Kräuter

Außerdem

- Öl zum Braten
- Mehl zum Arbeiten
- Nudelholz oder Flasche zum Ausrollen

SO GEHT'S

1 Den Honig und die Hefe mit 50 ml lauwarmem Wasser verrühren, bis sich die Hefe vollständig aufgelöst hat. Anschließend ruhen lassen, damit sich kleine Bläschen bilden.

2 Das Mehl und 1 TL Salz in eine große Schüssel geben. Das Olivenöl, die Hefemischung und 250 ml Wasser hinzufügen. Die Zutaten miteinander vermengen und zu einem glatten Teig verkneten. Anschließend den Teig in eine mit etwas Mehl bestäubte Schüssel geben, mit einem Geschirrtuch abdecken und 30 Minuten gehen lassen.

3 In der Zwischenzeit die Tomaten waschen und halbieren. Den Mozzarella abgießen, trocken tupfen und in dünne Scheiben schneiden. Die Zwiebel schälen und ebenfalls in dünne Scheiben schneiden. Die Birne waschen, vierteln, vom Kerngehäuse befreien und in feine Spalten schneiden.

4 Eine große Pfanne mit etwas Öl bestreichen und mit Mehl bestäuben. Eine Arbeitsfläche oder ein Schneidbrett mit etwas Mehl bestäuben. Den Teig dünn ausrollen und entweder ganz oder portionsweise in die vorbereitete Pfanne drücken. Dabei den Rand etwa 1 cm hochziehen.

5 Den Pizzaboden mit der Tomatensauce bestreichen. Mit Birnenspalten, Tomaten, Mozzarella und Zwiebelringen belegen. Die Pizza mit ein wenig Ahornsirup beträufeln – das sorgt für einen leichten Karamellgeschmack – und mit getrockneten Kräutern bestreuen.

6 Die Pizza bei mittlerer Hitze auf der Herdplatte oder dem Gaskocher etwa 20 Minuten backen.

SAFTIGES STEAK

mit scharfem Maissalat

FÜR 2 PORTIONEN

Für das Steak

- 2 Knoblauchzehen
- 1 Zweig frischer Rosmarin
- 1 EL Olivenöl
- Pfeffer
- 2 Rumpsteaks (à ca. 150 g)
- Salz

Für den Salat

- 1 Dose Mais (Abtropfgewicht 285 g)
- 3 Frühlingszwiebeln
- 5 Stiele frisches Basilikum
- 50 g Feta
- 50 g Joghurt (3,5 % Fett)
- 25 g Mayonnaise
- 2–3 EL Limettensaft
- Salz, Pfeffer
- Zucker
- ½ TL Chilipulver

SO GEHT'S

1 Den Knoblauch schälen und fein hacken. Den Rosmarin waschen, trocken schütteln, die Nadeln von den Zweigen streifen und ebenfalls hacken. Beides mit dem Öl mischen, mit Pfeffer würzen und die Steaks damit einreiben. Marinieren lassen, bis der Salat fertig zubereitet ist.

2 Für den Salat den Mais abgießen und gut abtropfen lassen. Die Frühlingszwiebeln putzen, waschen und in feine Ringe schneiden. Das Basilikum waschen, trocken schütteln, die Blätter abzupfen und in feine Streifen schneiden.

3 Für das Dressing den Feta in eine Schüssel geben und mit einer Gabel zerdrücken. Joghurt, Mayonnaise und Limettensaft nacheinander unter den Feta rühren. Mit Salz, Pfeffer, 1 Prise Zucker und Chili abschmecken. Mais, Frühlingszwiebeln und Basilikum unterrühren.

4 Die Steaks mit Salz würzen und auf den Grill oder in eine beschichtete Pfanne ohne Fett geben. Die Pfanne erhitzen und die Steaks unter Wenden etwa 6–8 Minuten (medium) braten.

5 Die Steaks mit dem Maissalat servieren.

SHAKSHUKA

mit weißen Bohnen

FÜR 2 PORTIONEN

- 1 Dose weiße Bohnen (Abtropfgewicht 250 g)
- 1 kleine Zucchini
- 2 Zwiebeln
- 1 Knoblauchzehe
- 2 EL Olivenöl
- Salz, Pfeffer
- ¼ TL gemahlener Kreuzkümmel
- ½ TL geräuchertes Paprikapulver (alternativ edelsüßes Paprikapulver)
- Chilipulver (nach Belieben)
- 1 Dose stückige Tomaten (Füllgewicht 400 g)
- 1 Prise Zucker
- 4 Eier (Größe M)
- 1 Stängel Petersilie
- 50 g Feta

SO GEHT'S

1 Die Bohnen abgießen, kalt abspülen und gut abtropfen lassen. Die Zucchini putzen, waschen und in etwa 1 cm große Würfel schneiden. Die Zwiebel und den Knoblauch schälen und fein würfeln. Das Öl in einer großen beschichteten Pfanne erhitzen. Die Zwiebel darin andünsten, die Zucchini zugeben und unter Wenden bei starker Hitze etwa 5 Minuten braten. Den Knoblauch zugeben und kurz mitbraten. Mit Salz, Pfeffer, Kreuzkümmel, Paprikapulver und Chili nach Belieben würzen. Die Tomaten und die Bohnen zugeben, aufkochen und bei starker Hitze etwa 5 Minuten einkochen lassen.

2 Die Sauce mit Salz, Pfeffer und Zucker würzig abschmecken. Mit einem Löffel 4 Mulden in die Sauce drücken. Die Eier einzeln in einer Tasse aufschlagen und vorsichtig in je 1 Kuhle gleiten lassen. Das Eiweiß mit einem Löffel vorsichtig etwas über die Eigelbe ziehen. Anschließend zugedeckt etwa 6 Minuten garen, bis die Eier gestockt sind.

3 Die Petersilie waschen, trocken schütteln und hacken. Den Feta über die fertige Shakshuka bröseln und mit der Petersilie bestreuen. Dazu schmeckt Fladenbrot.

TIPP

Statt der weißen Bohnen schmecken auch andere Hülsenfrüchte aus der Dose, wie z. B. Kidneybohnen, schwarze Bohnen, Kichererbsen oder Linsen sehr gut.

Zucchini- SANDWICH

FÜR 2 PORTIONEN

- 1 Zucchini
- 1 Möhre
- 1 EL Olivenöl
- 1 EL Zitronensaft
- 1 kleines Vollkorn-Baguette
- 3 EL Pesto
- 4 Salatblätter (z. B. Lollo rosso)

SO GEHT'S

1 Die Zucchini waschen und in Scheiben schneiden. Die Möhre waschen, trocken tupfen, schälen und raspeln. Das Öl in einer Pfanne erhitzen und die Zucchinischeiben 3 Minuten von beiden Seiten anbraten, dann abkühlen lassen. Mit dem Zitronensaft beträufeln.

2 Das Baguette halbieren, nach Belieben toasten und eine Hälfte mit Pesto bestreichen. Salatblätter, Möhre und Zucchinischeiben auf der unteren Baguettehälfte verteilen. Die andere Hälfte auflegen, dann in der Mitte halbieren.

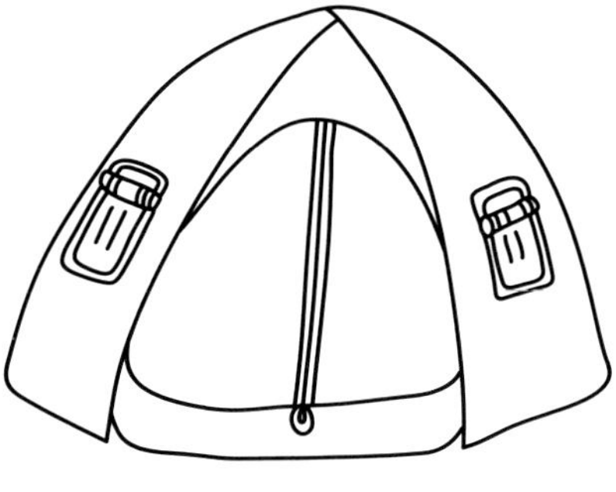

IMPRESSUM

Bibliografische Information der Deutschen Bibliothek.
Die Deutsche Bibliothek verzeichnet diese Publikation in der Deutschen Nationalbibliografie.
Detaillierte bibliografische Daten sind im Internet über http://www.dnb.de/ abrufbar.

EIN BUCH DER EDITION MICHAEL FISCHER

1. Auflage 2024

Reihengestaltung: Yvonne Witzan
Covergestaltung und Satz: Cäcilie Roscher
Projektleitung und Lektorat: Celine del Rosario, Ulrike Reihn-Hamburger

Bilder: S. 2, 15, 17, 19, 21, 23, 25, 37, 43, 53, 57: Jessica Lerchenmüller, Dornbirn; S. 3 oben, 29, 33, 39, 52, 55, 59: Klara & Ida, Stuttgart; S. 3 unten, 27, 31, 41, 45, 47, 61, 63: Maria Panzer; S. 4: © Taryn Elliott/Pexels; S. 6: © Uriel Mont/Pexels; S. 7: © Steve Cukrov/ Shutterstock; S. 9: © PRESSLAB/Shutterstock; S. 12: © Dan Edwards/Unsplash; S. 35: Tina Bumann; S. 49: © OlgaBombologna/ Shutterstock

Illustrationen: © Anna Druzhkova/Shutterstock; Fußabdrücke: © Mark Rademaker/Shutterstock

Texte Grundlagenteil (S. 6–11): Jessica Lerchenmüller
Rezepte: S. 14, 16, 18, 20, 22, 24, 36, 38, 42, 52, 56: Jessica Lerchenmüller, Dornbirn; S. 26, 30, 40, 44, 46, 60, 62: Maria Panzer; S. 28, 32, 50, 54, 58: Inga Pfannebecker, Amsterdam; S. 34: Rose Marie Donhauser, Berlin; S. 48: Christina Wiedemann, München

ISBN 978-3-7459-2133-5

Gedruckt bei Polygraf Print, Čapajevova 44, 08001 Prešov, Slowakei

www.emf-verlag.de